NOTICE

SUR

LA VIE DU DOCTEUR MATIGNON.

PARIS. — IMPRIMERIE D'ADRIEN LE CLERE ET Cie,
RUE CASSETTE, 29.

NOTICE

SUR

LA VIE DU DOCTEUR MATIGNON.

PARIS.

LIBRAIRIE D'ADRIEN LE CLERE ET Cie,

IMPRIMEURS DE NOTRE SAINT PÈRE LE PAPE ET DE L'ARCHEVÊCHÉ,

RUE CASSETTE, 29, PRÈS SAINT-SULPICE.

1849.

NOTICE

SUR

LA VIE DU DOCTEUR MATIGNON.

Le révérend Antoine-François Matignon, docteur en théologie, est mort samedi 19 septembre 1818; il naquit à Paris le 10 novembre 1753. Dès sa plus tendre jeunesse il s'était voué aux lettres et à la religion; en passant par les différents degrés classiques et théologiques, il s'était attiré les regards des professeurs de la Faculté : après avoir été reçu bachelier en théologie, il fut ordonné Prêtre le samedi 19 septembre 1778, le même jour du mois et de la semaine qui, quarante ans après devait voir terminer sa carrière. En 1782 il prit le degré de licencié ; et il fut reçu docteur en théologie à la Faculté de Sorbonne en 1785. A cette époque il fut nommé professeur royal de théologie au collége de Navarre, et il exerça les fonctions de son emploi pendant plusieurs années quoique dans un très-mauvais état de santé.

Ses talents et sa piété le firent remarquer par le Cardinal de Brienne, prélat qui jouissait d'un grand crédit, et qui lui fit obtenir de la munificence de Louis XVI une pension qui lui assurait un état indépendant, et lui ôtait toute inquiétude sur l'avenir; mais les voies du Seigneur sont impénétrables pour les plus sages et les plus vertueux des enfants des hommes; la révolution qui renversa le trône de son souverain bien-aimé, et qui souilla du sang le plus sacré les autels de Dieu, força le docteur Matignon à s'exiler de sa patrie; il se réfugia en Angleterre où il séjourna plusieurs mois; il revint en France pour faire les préparatifs de son voyage aux Etats-Unis; il débarqua à Baltimore, où il fut nommé par Monseigneur l'Évêque Carcoll, Pasteur de l'Église catholique à Boston : il y arriva le 20 août 1792. Les talents du docteur Matignon étaient de l'ordre le plus élevé : il réunissait à un esprit solide une imagination riche et vigoureuse, une grande précision d'esprit; ses connaissances étaient vastes, profondes, logiques et critiques; aussi ses productions étaient fortes de fond, et ornées de tous les charmes d'un style harmonieux et brillant; il s'était nourri de la lecture des ouvrages des Pères de l'Église et des grands théologiens de

tous les siècles; sa science théologique ne se bor-
nait pas en lui simplement à la théorie, ni seulement à la pratique, elle portait son influence
sur toutes ses pensées, sur tous ses sentiments et
sur toutes ses actions; il avait appris la théologie
en savant, il l'enseignait en professeur, l'appré-
ciait en chrétien, et il la prêchait en Pasteur fidèle; son génie et ses vertus étaient universelle-
ment reconnus : les hommes sages respectaient
ses connaissances supérieures, et les âmes hum-
bles se pénétraient et saisissaient sa dévotion ; il
confondait les raisonnements des incrédules avec
la force d'esprit de l'Apôtre saint Paul; il rappe-
lait le pécheur égaré avec la douceur et l'affec-
tion de saint Jean évangéliste; son amour pour
le prochain était pur et intarissable, et sa piété
recevait une nouvelle force de sa sensibilité ex-
quise ; sévère et scrupuleux pour lui-même, il
était indulgent et charitable pour les autres; pour
la jeunesse surtout il avait un cœur paternel et
tendre, et pensait que les larmes du repentir
devaient suffire pour effacer les taches du péché,
car une profonde connaissance du cœur humain
lui en avait dévoilé toutes les faiblesses. Tous
ceux qu'il a appelés de la voie de l'erreur et du
vice, sauront dire avec quel dévouement il exer-
çait cette sollicitude pastorale si peu cultivée de
nos jours, et faute de laquelle on voit naître tant

de maux. Il n'appartient qu'à une grande âme de ne se point laisser aigrir par l'infortune, ou rétrécir par une application constante. Le docteur Matignon, s'il est possible, devenait plus doux et plus indulgent, à mesure qu'il avançait en âge ; les orages de la vie avaient brisé son cœur, mais de ses blessures jaillissait un torrent de sympathie et de charité chrétiennes ; le malheur peut accabler le faible, rendre l'ignorant plus stupide, et l'orgueilleux plus vindicatif, mais les souffrances élèvent avec une bienveillance plus pure, les grands cœurs, les âmes fortes : elles les animent de plus brillantes espérances, car ils savent que la patrie céleste ne peut-être remportée qu'en passant par les épreuves des tribulations et de la douleur. Le docteur Matignon avait toutes les manières qui distinguent un homme bien-né : il possédait cette bonté de cœur et cette délicatesse de sentiment, qui le faisaient aller au devant des désirs et des besoins de ceux qui l'approchaient ; il connaissait parfaitement toutes les convenances de la société ; car, en rendant compte de ses qualités, on ne doit pas oublier qu'il était né, et qu'il avait été élevé dans le cercle de la bonne société ; qu'il fréquentait la noblesse, et qu'il était protégé par des Cardinaux et des dignitaires. A l'époque de sa jeunesse il n'était pas rare de voir des ecclésiastiques se mêler dans la

société des philosophes et des courtisans, et conserver toujours la plus grande pureté apostolique
dans leur conversation et dans leur conduite. Le
regard scrutateur de ces philosophes infidèles les
suivait constamment, et ces incrédules n'auraient
pas manqué de les dénoncer au public avec un
air de triomphe, s'ils avaient pu les surprendre
dans la moindre démarche contraire à leur sainte
profession. Mais quelle plus grande preuve
peut-on exiger de la solidité de leur foi et de
l'ardeur de leur piété, que la connaissance de ce
fait : que parmi tous les Évêques qui se trouvaient
en France au commencement de la révolution,
et le nombre s'en élevait à cent trente-huit, quatre seulement ont manqué à leurs devoirs et à
leurs serments lorsqu'ils furent mis à l'épreuve,
et c'était tel que la religion seule pouvait la faire
supporter. L'orgueil, le courage, la philosophie,
l'insensibilité même y auraient succombé ; toutes
les forces humaines, chancelaient et reculaient devant le fléau de la révolution. Là les plus braves
se courbaient sous la terreur ou fuyaient d'effroi,
mais ces disciples du doux Jésus montraient aux
hommes comment on doit souffrir pour l'amour
de lui. Le docteur Matignon aimait sa patrie et
témoignait l'intérêt le plus vif à tout ce qui la
concernait ; cependant son patriotisme ne dimi-
nuait en rien sa philantropie, il parlait de l'An-

gleterre comme d'une grande nation chez laquelle il y avait beaucoup à admirer et à imiter ; il éprouvait une vive reconnaissance, au souvenir de sa munificence et de sa générosité envers les prêtres exilés, d'une nation ennemie et d'une croyance différente.

En arrivant à Boston, le docteur Matignon eut de nouvelles épreuves à subir : ceux qui l'avaient précédé avaient manqué soit de talent, de courage ou de persévérance ; rien d'important n'avait encore été entrepris pour réunir et bien diriger ce troupeau. Les honnêtes gens de la Nouvelle Angleterre doutèrent fort qu'il réussît. Ils craignaient l'influence des doctrines catholiques ; leurs ancêtres avaient prêché contre l'Eglise de Rome dès leur établissement dans ce pays ; leurs descendants, même ceux qui étaient les plus éclairés, éprouvaient une répugnance incroyable et indéfinissable, sinon de l'aversion pour tout ce qui concernait le Saint-Siége. Il circulait des contes absurdes sur le Pape et la Religion ; le préjugé était trop profondément enraciné pour pouvoir le détruire tout d'un coup et même le combattre ; il fallait une grande connaissance du monde pour réussir à faire changer l'opinion de tout un peuple ; des mesures violentes ou imprudentes auraient enlevé tout espoir de succès ; l'ignorance aurait exposé cette cause aux sarcasmes et au mépris; trop d'emportement aurait produit une réaction qui aurait plongé dans une ruine totale cet établissement encore dans l'enfance. Le docteur Matignon avait tout ce qu'il fallait pour surmonter toutes ces difficultés; il les médita, et entreprit sa tâche avec le discernement d'un sage politique; sa douceur et son humilité désarma l'orgueilleux; l'argumentateur céda à sa prudence, à son érudition et à sa sagesse; toutes les actions de sa vie furent si bien dirigées par la bonté et la justice que le censeur le plus austère aurait vainement cherché à le trouver en défaut, et le méchant se serait bien gardé d'attaquer un homme si fort de sa bonne foi.

Il soutint seul pendant quatre années le poids de cette charge jusqu'à ce que la Providence lui eût envoyé pour Coadjuteur le présent Évêque Cheverus qui semblait formé par la nature, par sa belle éducation et les dons célestes à adoucir ses peines par la sympathie (car, lui aussi, il avait eu sa part de souffrances), ils cherchèrent ensemble des connaissances dans l'étude des lettres; leurs goûts et leurs habitudes étaient si bien identifiés, qu'ils semblaient tous les deux animés par une même âme. Ainsi, pendant vingt ans, ces deux saints personnages poursuivirent ensemble leurs religieux pélerinages, attirant sur eux les bénédictions du Ciel, et les répandant sur leurs troupeaux, et le jeune Elisée avait toujours porté le manteau d'Elie, son ami et son guide, et avait déjà reçu son esprit lorsque les enfants des prophètes entendirent crier : *Mon Père, mon Père : le char d'Israël et son conducteur.*

Puisse celui qui lui survit trouver des consolations dans la religion qu'il professe ; puisse le Seigneur le conserver long-temps pour porter sa charité et ses bienfaisantes consolations dans les demeures du pauvre et de la veuve ; puisse-t-il, aidé de la puissance divine, purifier les âmes souillées par la lèpre du péché.

Les cendres du bon et grand docteur Matignon reposent loin du sépulcre de ses pères ; mais sur cette terre étrangère, sa tombe n'est point chez des étrangers, elle est arrosée par les larmes d'un troupeau qui l'affectionnait, et sa mémoire est chère à ceux qui savent apprécier la science, honorer le génie, aimer et respecter la vertu. Celui qui a écrit ce court précis l'offre seulement comme une faible esquisse des vertus d'un homme dont il vénérait le caractère ; avant qu'il n'ose entreprendre son épitaphe, il attendra que le temps soit venu apporter un soulagement à sa douleur.

DERNIÈRE LETTRE DU DOCTEUR MATIGNON.

Et, vous tous, que je ne cesserai de porter dans mon cœur jusqu'à mon dernier soupir : mes sœurs, mon frère, Joseph, mes neveux et nièces.

Je vous écris d'un main défaillante, et peut-être pour la dernière fois; ne vous affligez pas; car je suis plein de consolation et de joie. Je rends mille et mille actions de grâces à Dieu qui m'envoie une mort douce, lente, et qui me donne tout le temps de me préparer; mon cher Joseph, suis aveuglément les avis de mon frère, tu ne saurais faire mieux. Toi-même, mon cher frère, songe qu'il te faudra tôt ou tard quitter la maison; achète-t'en une bien meilleure et éternelle dans le ciel. Ah! si j'ai le bonheur d'y être reçu, quelle joie de vous y voir arriver l'un après l'autre, sans qu'il en manque un seul. Unissons nos prières et nos bonnes œuvres pour cela. Priez tous pour moi, après mon décès, le bon évêque vous écrira.

J'ajouterai peut-être quelques lignes si le bâtiment tarde à partir, mais ce peu m'a déjà tant fatigué que je ne peux continuer.

13 août 1818. — Dieu me traite avec une in-

dulgence inouïe; je n'éprouve aucune douleur, et c'est presqu'imperceptiblement que je m'approche lentement de mon terme. Aidez-moi tous à l'en louer et remercier. Les soins et les attentions me sont prodigués de toutes parts; il semble que toute la ville s'intéresse à moi, autre sujet de remercîments.

Je prie Dieu de vous bénir tous; et, comme chef de la famille, je vous donne, quoiqu'indigne, à tous et à chacun en particulier, ma dernière et paternelle bénédiction, comme mon père et ma mère me l'ont laissée à leurs morts. Puisse leur foi, leur vertu et leur piété demeurer héréditaires à jamais dans tous les rejetons de la famille.

Lettre de M. CHEVERUS, *Évêque, à M.* MATIGNON.

MON CHER FRÈRE,

Mon cœur dicte ce dernier nom; il n'est plus qu'un avec celui de votre digne frère, et par conséquent il éprouve pour vous, votre frère, et Madame votre sœur, les sentiments les plus affectueux. Notre cher frère, il en a été un bien tendre pour moi. Depuis vingt-deux jours, devenant plus faible, je tremble à chaque moment ; je suis navré ; je perds mon soutien, le meilleur des amis, l'honneur, l'édification de mon église. Il n'y a guère que deux mois que votre frère parut attaqué de la poitrine ; mais les progrès de cette cruelle maladie ont été très-rapides ; il conserve son amabilité, et jamais sa piété angélique ne parut plus frappante ; son sourire a quelque chose de céleste ; on croit déjà le voir, comme je l'espère que nous le verrons, dans le Ciel ; mais, en attendant, je vais être dans une situation bien triste sur la terre.

DERNIERS MOMENTS DU DOCTEUR MATIGNON.

Vendredi soir, le 18 septembre 1818, étant disposé à me retirer, après l'avoir embrassé, il me dit : « Mon cher Évêque, demain sera l'an- » niversaire de mon ordination : il y aura qua-

» rante ans que je suis dans les Ordres sacrés.
» Hélas! combien de fautes et d'omissions dans
» mon ministère! — Et combien de bonnes œu-
» vres, mon cher ami, je m'écriai. — Ne m'en
» parlez pas, répliqua-t-il; je suis un indigne
» pécheur. Mais Dieu est si bon, que j'espère;
» oùi, j'ose espérer. » Les larmes et les sanglots
me coupèrent la parole. Je le tenais étroitement
embrassé; il répandit aussi des larmes. « Tout
» ce que je regrette, continua-t-il, est de me
» séparer de vous; mais nous serons un jour
» réunis. Je vous prie de me donner la sainte
» communion demain matin de très-bonne
» heure. »

Samedi 19, j'étais dans sa chambre à cinq
heures et demie du matin avec le Saint-Sacrement. Il était encore à jeun, et je ne vis rien en
lui qui annonçât une mort prochaine; ses yeux
brillaient d'espérance et de ferveur. Jésus-Christ
lui paraissait visible dans le sacrement de son
amour. Il reçut en communion le Saint des saints.
Il avait eu coutume de communier deux fois par
semaine régulièrement depuis qu'il n'était plus
en état de célébrer la sainte Messe. A six heures
et demie, on lui apporta une tasse de café, il put
à peine en avaler deux cuillerées. Soudain, la
pâleur et une défaillance mortelle annoncèrent
l'approche de ses derniers moments. Je lui dis :

« Mon bon ami, ne désireriez-vous pas recevoir
» l'Extrême - Onction ; vous me semblez bien
» mal. » Il parut un peu surpris, me regarda, et
vit mes larmes. Il baisa ma main et m'attira
vers lui pour m'embrasser. « Oui, dit-il. » Sa
voix était pesante et embarrassée. Je lui admi-
nistrai ce dernier Sacrement avec l'indulgence.
Mais étouffé par mes sanglots, je priai l'ecclésiastique qui m'accompagnait de réciter les
Prières des agonisants. Mon ami en mourant te-
nait à la main la croix de son chapelet. Il em-
brassa le crucifix, me pressa la main et me fit
signe avec ses lèvres de m'approcher et de l'embrasser encore une fois. Il continuait toujours à
prier intérieurement. A neuf heures et demie, il
parut assoupi ; à dix heures, il avait cessé de
vivre. Comme il mourut sans effort et sans agonie,
je ne pus distinguer précisément le moment où
il rendit le dernier soupir. Sa mort comme sa
vie fut douce et sainte.

Dimanche 20 son corps fut exposé dans l'é-
glise, revêtu du costume sacerdotal, jusqu'à
quatre heures de l'après-midi. Je célébrai la
grand'messe du *Requiem*, je fis la procession et
j'accompagnai le convoi funèbre à pieds, avec la
croix élevée, et dans mes habits pontificaux. Sa
mort a occasionné un deuil général. Notre église
n'a pas cessé d'être remplie. Les protestants aussi

bien que les catholiques touchèrent son corps, et l'arrosèrent de leurs larmes; tout le monde bénissait sa mémoire. Le Tout-Puissant me donna la force et le courage de prêcher deux fois le dimanche et autant le lundi; et, quand mes larmes m'empêchèrent de parler, mes auditeurs pleuraient avec moi. Plus de mille personnes, la plupart en deuil, précédèrent ou suivirent le corps au cimetière.

Les dépouilles saintes et précieuses du vénérable docteur Matignon furent transportées à notre nouveau cimetière, au sud de Boston. J'ai fait élever sur sa tombe un monument en marbre blanc, supporté par six piliers; il est orné d'une croix, et on y lit cette inscription :

Ici reposent les dépouilles mortelles du révérend F. Antoine Matignon qui, pendant vingt-six ans, fut Pasteur de l'église de la Sainte-Croix, située en cette ville. La loi de la vérité fut toujours dans sa bouche, et l'iniquité ne souilla jamais ses lèvres. Il marcha avec moi dans le sentier de la justice, et ramena dans la bonne voie beaucoup de pécheurs qui s'en étaient écartés. Loin de la sépulture de ses pères reposent les cendres du grand et vénérable docteur Matignon ; mais son tombeau n'est point parmi des étrangers, il se trouve au sein d'un troupeau qui le baigne de ses larmes, et qui pleurera long-temps un guide si chéri, dont la mémoire est précieuse à ceux qui aiment la science, qui honorent le génie et qui révèrent la piété.

L'évêque et le clergé ont érigé ce monument de leur vénération, de leur gratitude et de leur douleur. Sur le marbre qui couvre sa tombe se trouve un espace destiné à recevoir mon nom lorsque le même tombeau se rouvrira pour recevoir mes tristes dépouilles, et que la mort réunira ceux qui, pendant leur vie, n'eurent qu'un corps et qu'une ame. Dans cet ami, mon ame a perdu la moitié d'elle-même, et mon malheureux cœur, profondément ulcéré, gémit douloureusement. Combien Dieu, dans sa miséricorde, me donne de force et de consolation; car quel adoucissement à ma peine de voir les habitants de cette ville révérer la mémoire de l'ami de mon cœur, et de considérer l'harmonie sympathique de leur considération pour lui.

Boston, le 22 septembre 1823.

TRIBUT DE RECONNAISSANCE.

Nous offrons à nos lecteurs les adieux réciproques de Monseigneur l'Evêque Cheverus et de la

Congrégation qu'il dirigeait. Ce digne Prélat a passé près de trente ans parmi nous, et pendant cet espace de temps il a inspiré le respect et la confiance à toutes les classes du peuple. L'aménité de ses manières comme homme du monde, ses talents comme savant, son indulgence comme Evêque enseignant, et sa vie pure et apostolique ont été le sujet de nos louanges depuis que nous le connaissons. Nous déplorons son départ comme un malheur public, mais en même temps nous applaudissons à la sagesse du roi de France qui appelle au soutien de l'autel et du trône ceux de ses sujets fidèles qui ont appris à connaître les nations et les hommes à la pénible école du malheur et de l'exil.

―――――――

Au très-révérend Jean CHEVERUS, *Evêque catholique de Boston.*

PÈRE CHÉRI,

Permettez à votre troupeau, pénétré et abattu de douleur, de mettre sous vos yeux l'humble tribut de sa reconnaissance et de son amour. Votre départ, aujourd'hui devenu certain, est une peine des plus affligeantes que puisse nous envoyer la Providence, et cet événement a blessé nos cœurs d'une plaie que le temps pourra adoucir, mais qu'il ne guérira jamais. L'idée de cette séparation rappelle mille souvenirs que la langue cherche en vain à exprimer; mais faut-il qu'ils ne le soient que faiblement, car nous savons, par une longue expérience, que votre délicatesse reculerait à l'instant devant le récit le plus nu que le plus froid et le plus simple d'entre nous pourrait faire avec vérité et sincérité.

Comme société religieuse, nous avons été réunis et consolidés sous vos auspices. C'est par vos veilles et vos prières que le Ciel, indulgent, a daigné nous sourire. Mais, à ce moment solennel d'une séparation probablement éternelle, l'image d'un illustre mort nous apparaît sous les traits chéris de celui qui nous réunit en troupeau, et qui près de vous marchait, sa main dans la vôtre, tout occupé de notre bien. Ce Pasteur si aimable pour nous, cet ami, ce Coadjuteur si précieux pour vous, le vertueux Matignon, que nous pleurerons toujours, s'est envolé dans un meilleur monde pour y recevoir la récompense promise aux fidèles et aux justes. Nos cœurs sont tout entiers à celui qui vit encore, à celui que la mort nous a ravi.

Dans ce moment de crise où les déchirements de la séparation nous accable, nous ne pouvons entièrement étouffer nos sentiments ; nous devons et nous voulons, au milieu de nos larmes et de nos gémissements, nous saisir de votre vêtement, lorsque vous détournerez votre visage pour nous quitter, et faire dans nos cris entendre une faible expression de vos bontés et de notre attachement.

Vous avez nourri le nécessiteux et vêtu l'indigent, vous avez ramené la brebis égarée et rappelé à la vertu celui que le vice entraînait ; vous avez partagé la joie de vos frères heureux et adouci les douleurs de ceux qui souffraient ; vous avez offert un breuvage salutaire aux lèvres malades et desséchées, et vous avez appris au mourant que par la foi et le repentir il pouvait reposer ses espérances sur le sein d'un Rédempteur tout amour.

La plupart des guides spirituels se contentent d'instruire leur troupeau de ce qui regarde le spirituel ; mais vous ne vous êtes pas arrêté là, et vous n'avez pas considéré que votre tâche fût ainsi finie ; car vous êtes descendu pour ainsi dire de l'autel de Dieu aux occupations de la vie commune pour nous aider de vos conseils et nous diriger dans nos affaires temporelles. Il arrive rarement que l'homme ainsi occupé des choses de Dieu soit si habile dans les affaires du monde; mais cette habileté vous ne l'avez pas montrée en amassant pour vous des richesses périssables, mais en vous efforçant d'agrandir l'intelligence, l'honnête aisance et la considération du peuple dont vous étiez chargé. A votre approche la discorde disparut de notre sein, car dans chacun de vos discours, dans chacune de vos touchantes et sublimes instructions, vous avez inspiré l'esprit doux et saint du commandement de la loi de grâce pour calmer les irritations et adoucir ces passions qui brûlent les cœurs des fragiles mortels, et nous espérons, avec le secours de la grâce, que ces exemples et ces instructions auront une influence salutaire sur notre vie, lorsque vous ne serez plus parmi nous pour nous conduire et nous diriger dans les sentiers du devoir, de la vertu et de la religion.

Vous partez, Père très-cher, pour une région lointaine où les hommes salueront votre arrivée, et où de nouveaux devoirs se préparent autour de vous; mais nous vous prions, même dans la joie de revoir votre patrie, dans le transport d'embrasser vos parents, des amis, dans l'activité de nouvelles occupations ecclésiastiques, nous vous prions de vous souvenir de nous qui ne pourrons jamais vous oublier.

Puisse le doux climat de Montauban rétablir et fortifier votre santé, vous donner la vie et le bonheur, et puisse Dieu, dans sa miséricorde et dans sa bonté, continuer de faire de vous, pendant de longues années, un sujet de gloire et de louange dans son Eglise; et, quand vous reposerez avec vos pères, que vous serez compté parmi les grands et les bons des temps passés, puissent nos descendants apprendre ici que vous donnâtes votre bénédiction au premier objet de votre amour comme au second, et que Boston et Montauban se confondirent dans votre prière sur vos lèvres mourantes.

MES CHERS ENFANTS EN JÉSUS-CHRIST,

Vos tendres adieux viennent de m'être présentés; je les ai mouillés de mes larmes. J'espère que vous savez tous combien j'ai de chagrin de vous quitter, et que vous avez vu avec combien de joie je refusais, au mois de mai dernier, la charge qu'il faut aujourd'hui que j'accepte. Puisqu'il le faut, c'est à vous et à moi de nous soumettre à la nécessité. Mes services dont vous parlez avec tant de reconnaissance ont eu le mérite au moins d'être dictés par un cœur entièrement dévoué à votre bonheur spirituel et même temporel.

C'était pour ainsi dire à l'école du vertueux et toujours regretté abbé Matignon, que j'appris à vous aimer et à vous servir : souvenez-vous toujours qu'il fut le fondateur de cette église.

Je pensais que ma dépouille mortelle reposerait auprès de la sienne, et vous ne saurez plus m'honorer ou me satisfaire, qu'en unissant nos deux noms dans votre bénédiction et dans votre mémoire.

Vous vivrez dans mon cœur et dans mon souvenir jusqu'à mon dernier soupir. Jamais je ne cesserai de veiller avec une sollicitude paternelle sur mon troupeau chéri : heureux si, à quelque moment que ce soit, je puis faire quelque chose pour vous.

Pardonnez si j'ai fait quelques fautes dans mon ministère; priez le Pasteur suprême de les effacer. J'éprouve de la consolation en vous laissant sous la direction du recteur de cette église : ses talents et sa piété vous sont déjà connus, puisqu'il y a plus de deux ans qu'il est mon fidèle collaborateur.

Mes bien-aimés enfants, je vous presse tous contre mon cœur paternel. J'ai le désir et même quelque espérance de revenir parmi vous. Je me

livre à la douce confiance que nous serons tous
réunis dans le royaume du Père céleste.

Jean CHEVERUS.

DERNIÈRE RETRAITE DU DOCTEUR MATIGNON.

Ce 28 juillet 1817, et mort le 19 septembre 1818.

28 juillet. — Mon Dieu, faites-moi la grâce de
bien faire cette retraite qui sera vraisemblable-
ment la dernière de ma vie, et d'en employer le
temps comme si je devais, immédiatement après
sa fin, paraître devant votre redoutable tribu-
nal pour y être jugé : ce qui, en effet, ne sau-
rait tarder trop long-temps.

Accordez-moi, je vous en conjure, les lumières
de votre Saint-Esprit, afin que je puisse connaître et me rappeler les fautes innombrables et
de tous genres que j'ai commises pendant tout
le cours de ma vie sous les trois rapports de
chrétien, de prêtre et de pasteur. Inspirez-m'en
une sincère et vive contrition qui ne se borne
pas à une sensibilité superficielle et passagère,
mais qui me perce d'une véritable douleur inté-

rieure et permanente, et dont la sincérité se manifeste par une vie de piété toute différente de celle que j'ai menée jusqu'ici. Faites-moi sentir tout autrement que je n'ai fait jusqu'ici, toute la grandeur de vos bienfaits, et en particulier, celui que vous m'accordez en ce moment, en me conduisant dans ce lieu de retraite et d'édification. Faites que je cesse actuellement d'être la plus ingrate de vos créatures, et d'abuser de tant de grâces que vous m'avez prodiguées et qui eussent suffi sans doute pour sanctifier et sauver des milliers de créatures moins favorisées que moi. Je vous en conjure au nom de vos plaies et de votre amour pour moi, qui vous a fait m'élever au rang de votre ministre, et plus de douze mille fois consacrer manger et boire votre divin corps et votre précieux sang. Guérissez cette misérable tiédeur et indolence dans laquelle j'ai croupi jusqu'à présent, ce dégoût et cette aridité dans la prière, cette imagination désordonnée qui même au milieu de l'action la plus sainte me remplit l'esprit de pensées inutiles, folles, souvent dangereuses, injustes et peut-être criminelles. Attendrissez et brisez ce cœur qui vous a si peu aimé jusqu'ici ; donnez-moi la contrition et la ferveur dont j'ai un si grand besoin. Eclairez celui à qui je m'adresserai, comme à vous-même, afin qu'il me serve de guide pour aller à vous, et entrer sincèrement et d'une manière stable dans les résolutions que je dois prendre, et le plan de vie dont je ne dois plus m'écarter pendant le peu de jours que j'ai encore à vivre.

Et vous, Vierge sainte, dont j'ai éprouvé tant de fois depuis ma naissance la protection maternelle, redoublez votre intercession dans ces jours de miséricorde que je vous dois peut-être. Obtenez-moi de les employer saintement et d'en conserver les fruits toute ma vie. Il y va de votre gloire qu'une âme qui vous a été vouée avant que de naître ne périsse pas à jamais. Je renouvelle en ce moment cette consécration et vous demande humblement vos prières et votre protection pour moi, et pour les vierges qui désireront se consacrer à Jésus-Christ, et vous prendre pour leur mère.

29 juillet. — O mon Dieu, ayez pitié de moi et secourez-moi; accordez-moi l'esprit de prière et de récollection. D'où vient cette foule de pensées importunes et étrangères qui m'assiègent continuellement? J'avais commencé à goûter dans cette retraite quelques moments de joie et de calme, ou plutôt, c'est moi qui par ma négligence me suis détourné de vous, pour m'occuper d'autres objets. N'êtes-vous pas assez grand pour remplir toute la capacité de mon âme; la mort, le compte que j'aurai à vous rendre, l'éternité qui

la suivra, l'examen sérieux de toute ma vie passée ne doivent-ils pas absorber actuellement
toutes mes pensées, me faire sécher de frayeur,
et bannir toutes·les distractions. Est-ce ici le
temps de penser aux autres, tandis que je né-
glige la seule affaire pour laquelle je suis au
monde. Faites que je me corrige moi-même
avant de penser à instruire les autres. Vierge
sainte, et vous, mes saints patrons, qui avez
passé tant d'années dans la méditation des
saintes vérités et dans une austère pénitence, in-
tercédez pour moi.

31 juillet. — Dans ce jour destiné à honorer un
saint si célèbre dans ces derniers siècles par son
zèle pour votre gloire, sa pénitence et ses travaux,
et par le succès de ses disciples dans toutes les
parties du monde. Accordez-moi, je vous conjure, par son intercession l'esprit de piété, de
ferveur, de détachement, d'obéissance et de
zèle. Que toutes mes pensées, mes désirs, mes
paroles et mes actions tendent à votre plus
grande gloire. Donnez-moi surtout l'esprit de
mortification, que le peu d'années, de jours peut-
être que j'ai encore à vivre, serve à réparer le
passé et à faire pour le ciel une provision de
bonnes œuvres dont je suis si vide à présent.
Donnez-moi les lumières et la sincerité néces-
saires pour connaître et m'accuser de toutes les

fautes dont je suis coupable à vos yeux; donnez-
m'en une contrition sincère qui me les fasse
éviter à l'avenir, et en faire une véritable pénitence; que mon indignité et mes crimes ne
nuisent pas à la bonne œuvre que vous avez
bien voulu commencer d'une manière si favo-
rable.

RÉSOLUTIONS.

2 août.—Je suivrai autant que possible la règle
du séminaire : lever, à une heure régulière; demi-
heure d'oraison, examen avant le dîner; le chapelet, les jours de trop grande occupation ; lecture
d'une méditation avant le repos de la nuit; con-
fession sinon tous les huit jours, au moins chaque
quinze jours. Porte fermée pour les visites inutiles, nulles rendues que celles que le devoir ou
la charité exigent.

Plus d'attention à la récitation de l'office et

surtout à la préparation et action de grâces de la messe. Ordre et meilleur emploi du temps.

Plus de soins des malades, des pauvres, et plus de zèle, de régularité et de persévérance pour l'instruction des enfants, soit au Catéchisme, soit ailleurs.

Fréquente préparation à la mort et au jugement qui s'approchent ; qu'il est terrible pour un prêtre qui a passé toute sa vie dans la tiédeur et a fait si peu d'usage des grâces innombrables qu'il a reçues, plus grand soin des choses saintes et de tout ce qui regarde le culte de Dieu, et surtout dans l'administration des Sacrements, soit à la maison, soit en dehors ; n'entendre jamais les confessions sans être du moins en soutane ; avoir soin que tout soit décent et préparé dans le lieu où un malade est administré ; n'administrer aucun sacrement, sans le précéder d'une courte prière, acte de contrition, d'offrande ou d'amour, etc.; prière au Saint-Sacrement, au Saint-Esprit ou à la sainte Vierge ; donner inviolablement aux pauvres, ou pour quelque usage pieux, tout ce que je recevrai pour honoraires de messe, baptême, mariage ou toute autre fonction ecclésiastique ; ne pas me lasser de demander à Dieu la grâce de la ferveur dans son service et de zèle pour le salut des âmes, deux vertus que je possède si peu et dont j'ai fait vœu à mon ordination, ainsi que d'obéissance à mon évêque ; relire ces résolutions le premier ou le deux de chaque mois, me plaçant en esprit sur mon lit de mort ; réciter ce jour-là les prières des agonisants ou autres semblables.

Vierge sainte, Mère de mon Sauveur, refuge assuré de tous ceux qui vous invoquent, vous, dont j'ai tant de fois éprouvé la bonté maternelle, agréez ces résolutions que je vous offre : daignez les présenter à votre Fils dont je suis indigne d'approcher ; obtenez-moi sa grâce, afin que je les accomplisse, et que je le serve de ce moment-ci jusqu'à la mort plus fidèlement que je n'ai fait jusqu'ici ; et que je répare, s'il est possible, la tiédeur, l'infidélité et l'inutilité de ma vie passée. Mon bon ange, mes saints patrons, unissez vos prières à celles de Marie pour m'obtenir la même faveur.